Sopro no Espelho

Sopro no Espelho

Flora Botelho

EDITORA
Labrador

Copyright © 2019 de Flora Botelho
Todos os direitos desta edição reservados à Editora Labrador.

Coordenação editorial
Patricia Quero

Diagramação e ilustração
Sofia Ralston

Revisão
Gabriela Damico
Laila Guilherme

Produção textual
Patrícia Favalle

Direção de Arte
Dora Levy

Dados Internacionais de Catalogação na Publicação
(CIP) Angelica Ilacqua CRB-8/7057

Botelho, Flora
   Sopro no espelho / Flora Botelho -- São Paulo : Labrador, 2019.
   112 p.

ISBN 978-85-87740-74-8

1. Técnicas de autoajuda 2. Separação 3. Autoconhecimento
4. Felicidade I. Título.

19-0456   CDD 158.1

Índice para catálogo sistemático:
1. Técnicas de autoajuda

EDITORA Labrador

Editora Labrador
Diretor editorial: Daniel Pinsky
Rua Dr. José Elias, 520 – Alto da Lapa
05083-030 – São Paulo – SP
+55 (11) 3641-7446
contato@editoralabrador.com.br
www.editoralabrador.com.br

A reprodução de qualquer parte desta obra é ilegal e configura uma apropriação indevida dos direitos intelectuais e patrimoniais da autora.

A editora não é responsável pelo conteúdo deste livro.
A autora conhece os fatos narrados, pelos quais é responsável, assim como se responsabiliza pelos juízos emitidos.

Às mulheres da minha vida, especialmente minha mãe, e a todas que cruzaram o meu caminho, em especial aquelas que abraçaram essa causa comigo, pela confiança e contribuição a cada palavra emprestada e a cada sentimento doado.

Ao meu marido Marcos, que me incentiva e me inspira todos os dias. Por acreditar nos meus sonhos e projetos.

Às minhas três filhas, Helena, Eliza e Cecilia, para que se tornem mulheres seguras, felizes e independentes.

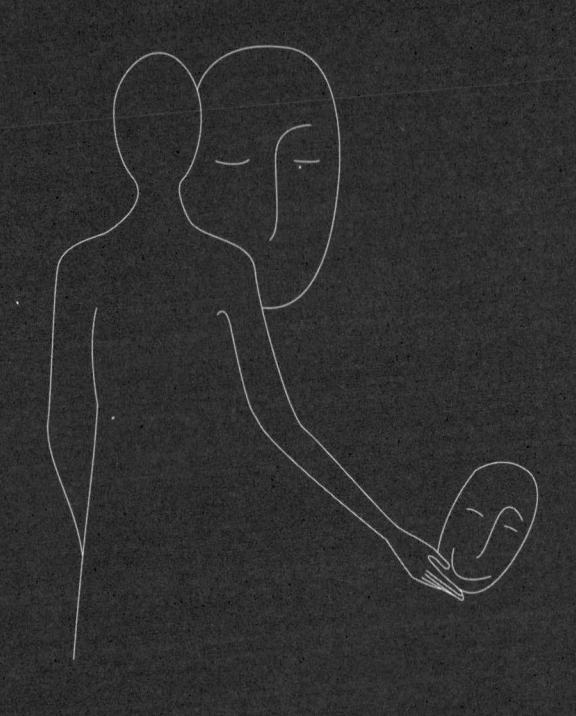

sumário

prefácio	10
nota da autora	16
introdução	18
o tempo não para	22
a melhor versão de você mesma	26
uma breve história do tempo	32
felicidade	36
amar, verbo intransitivo	42
ponto fora da curva	50
bolsa de valores	56
os sinais estão ali	64
e eu com isso?	70
andar com fé eu vou	80
fora do trilho	84
questão de escolha	92
apêndice	102
bibliografia	110

Fiz de mim o que não soube,
e o que podia fazer de mim não o fiz.
O dominó que vesti era errado.
Conheceram-me logo por quem não
era e não desmenti, e perdi-me.
Quando quis tirar a máscara,
estava pegada à cara.
Quando a tirei e me vi ao espelho,
já tinha envelhecido.

Álvaro de Campos

Fiz de mim o que não soube,
e o que podia fazer de mim não o fiz.
O dominó que vesti era errado.
Conheceram-me logo por quem não
era e não desmenti, e perdi-me.
Quando quis tirar a máscara,
estava pegada à cara.
Quando a tirei e me vi ao espelho,
já tinha envelhecido.

Álvaro de Campos

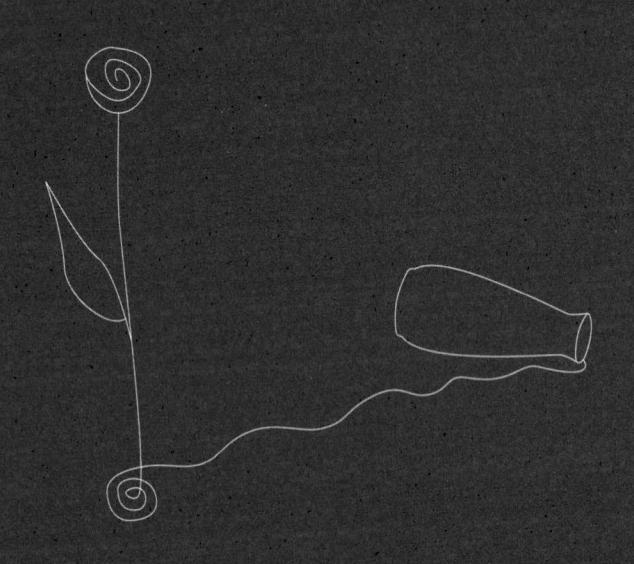

prefácio

Ser livre é o querer mais profundo da alma. No coração de cada uma de nós existe o instinto por liberdade e independência. Pensar por si própria, atingir objetivos significativos, criar, construir relacionamentos saudáveis, compartilhar e agir de acordo com os nossos valores são propósitos comuns do feminino que, quando realizados, representam a vitória individual daquela que teve a coragem de ser dona da sua narrativa. Indicam, também, o sucesso do coletivo, pois quando uma se liberta, INSPIRA todas as outras a fazerem o mesmo.

Este livro é sobre isso: feminino e liberdade, individual e coletivo. A partir de uma experiência pessoal, Flora Botelho a torna plural. Com autoconhecimento, empatia e coragem, ela divide experiências, convida para a reflexão e motiva a busca pela verdade e pela liberdade. Ir ao encontro do que nos faz livre é uma jornada essencial para construir o legado que queremos deixar. Para a mulher é viver com autenticidade e protagonismo, para todas nós é a possibilidade de ter uma herança saudável, com potencial de fazer a sociedade mais equilibrada, aquela em que homens e mulheres têm as mesmas oportunidades.

Estamos em 2019, e muitas ainda sofrem com valores patriarcais de raízes cada vez mais secas. Às vezes chamadas de poderosas ou ousadas, mas não é raro que sejamos tratadas como desequilibradas ou até mesmo como "bruxas". Durante a história fomos criticadas, julgadas e até queimadas em fogueiras. Entretanto, algumas sábias antepassadas assumiram o papel da protagonista ao invés da vítima e guiaram as suas escolhas pelo entusiasmo de arquitetar uma vida completa dizendo não ao medo. Elas saíram da zona de conforto, transcenderam o *status quo* e abriram espaço para que futuras gerações pudessem ter experiências autênticas, com consciência e, principalmente, liberdade.

Somos herdeiras dessas mulheres valentes. Somos filhas, irmãs (de sangue ou de escolha), mães, avós, netas, amigas. Estamos em um momento de transição, reprogramando crenças coletivas sobre o nosso papel no mundo, a fim de darmos continuidade a essa narrativa de protagonismo, felicidade e independência, condizente com o poder feminino. Não é o poder sobre o outro, mas o poder da realização e da transformação que temos dentro de nós. E, para atingir tal potência, o melhor é caminharmos juntas. É isso que propõe a autora, com a generosidade da exposição de sua história.

Assim é Flora, assim são todas as que reconhecem que a capacidade de aprender é ilimitada, que os antigos valores (aos quais fomos condicionadas por anos) não nos servem mais. São obsoletos simplesmente porque nos afastam do nosso poder, nos enfraquecem. A mulher contemporânea quer ser leal aos seus valores e realizar sonhos para encontrar significado em sua existência. Quer compartilhar seus talentos e influenciar o meio positivamente.

Somos seres em construção. Por isso é natural que no decorrer dos anos, e principalmente agora que nossa expectativa de vida é muito mais longa, nossas prioridades, desejos e paixões mudem. Nesse caminho, alguns modelos de relacionamentos (pessoais e profissionais) estão sendo reavaliados, vividos de uma nova maneira. Um casamento, ou mesmo uma carreira, que fazia sentido numa determinada época da vida, pode passar a não fazer mais a partir do momento em que nos transformamos.

São tempos diferentes. Hoje, a carreira é um meio para que encontremos significado em nossas vidas. Segurança, poder e status, que eram os valores que norteavam essa escolha, foram substituídos por propósito, qualidade de vida e contribuição. A escolha de dividir a vida com alguém também tem novas motivações. O "felizes para sempre" não é mais uma obrigação, é uma opção. Esse formato ultrapassado, finalmente, está ruindo e dá lugar ao desejo mútuo do casal de compartilhar e crescer juntos. A escolha do(a) companheiro(a) é feita para a evolução. Essa é a nova bússola.

O cuidar, o amar, o proteger ainda fazem parte das prioridades. Contudo, o respeito aos propósitos e aos valores individuais tem igual relevância. Somos seres com propósitos únicos, interessados em amar e dividir nossas conquistas e nossos talentos com o mundo. Essa realidade é libertadora e tão simples quanto possível. Pense comigo: se criaram padrões e condicionamentos no passado que nos limitaram e disseram que éramos incapazes, podemos, sim, criar crenças e padrões alinhados ao presente momento, construindo uma sociedade com igualdade de direitos e de oportunidades, com inclusão e respeito pela individualidade. Como? Por meio do autoconhecimento, da autoconfiança, do reconhecimento do poder pessoal, da coragem e da empatia, transgredindo a reacionária visão machista e a domesticação que sofremos desde os primeiros anos de vida.

Esta obra mostra tal possibilidade com depoimentos reais e em primeira pessoa, que ressaltam a importância de nos responsabilizarmos pelas nossas vidas. Não somos resultados das circunstâncias, mas de pequenas e grandes escolhas que fazemos diariamente. O caminho é optar pela coragem de enfrentar a vida em vez de sucumbir ao medo de falhar. Porque escolhas feitas pelo medo nos mantêm dentro da zona de conforto, onde não há risco, mas também não há felicidade. Por outro lado, uma vida norteada pela coragem traz a chance de uma vida inteira, livre. E é essa a vida que todas nós merecemos.

Olhar para dentro e olhar para fora são movimentos tão fundamentais quanto o inspirar e o expirar. Só com coragem e autocompaixão você poderá viver o maior amor da sua vida: o amor-próprio! Acredite, a prática dessas virtudes deixa o olhar para o espelho não só mais nítido, como muito mais confortável e inspirador. Se vai ser fácil? Não. Se vai valer a pena? Sim.

Faça por você, mas também para ser um exemplo para todos aqueles ao seu redor. Filhos felizes são os que têm em casa adultos realizados, leais às suas verdades. Por isso tudo, espero que este livro leve você a pensar ainda mais e a limpar tudo aquilo que afasta você da sua essência. Limpe o espelho, olhe além das máscaras e veja a beleza de quem você realmente é. Como a Flora nos ensina: "Temos que dividir para somar". Leia e compartilhe – e tenha certeza de que juntas vamos mais longe.

Boa jornada!

Ana Raia
Coach de vida e carreira

nota da autora

Este livro foi quase uma terapia em grupo. Ao final de cada capítulo, há o depoimento de quem gentilmente abriu o coração e teve a coragem de dividir um recorte da própria história. Por isso, prefiro dizer que esta obra foi escrita por muitas mãos, muitas cabeças e, claro, muitos corações.

Foram algumas visitas e centenas de conversas. Diversos rascunhos e, às vezes, algumas lágrimas derramadas.

A associação de cada depoimento com os assuntos abordados foi ideia da jornalista Patrícia Favalle, que organizou os temas e me orientou ao longo do livro.

Assim, poderia passar por uma leitura agradável, com começo, meio e fim. Uma narrativa linear, apesar de ser citada em doses.

Para manter a privacidade das depoentes, decidimos abreviar as assinaturas usando apenas as suas iniciais.

Espero que essa perspectiva possa encorajar e acolher quem precisa encontrar uma nova jornada. Se de alguma forma este livro inspirar outras mulheres a voltarem a se colocar no topo da lista de suas prioridades, então terá valido a pena.

Flora Botelho, São Paulo, 2019

introdução

Sempre gostei de escrever. Jogar com as palavras, brincar com os sons, trocar as letras de lugar e ver no que vai dar. Pego lápis e papel. Não um papel qualquer – mas um lindo caderno pautado. As palavras fluem, deslizam e se compõem.

Cada linha é uma surpresa.

O ruído vem, peço para ele ir embora. Foco.

Escrever é uma expressão criativa, um exercício que alia pensamento e sentimento. É um ótimo remédio para ansiosos, calmos, sofredores, eufóricos, sonhadores, pragmáticos, empreendedores e para os que estão atravessando momentos de ócio.

Escrever é a maneira mais rápida e eficaz de rabiscar e "brainstormizar" o presente, o futuro e muito provavelmente os próximos, e os melhores, capítulos de como se pretende viver.

Estas páginas que brotaram são um convite e, ao mesmo tempo, uma provocação às minhas amigas, às amigas delas, às outras mulheres e aos homens de espírito e alma jovem que tenham passado pela dolorosa experiência do divórcio. Também é perfeito para aquelas que estão casadas, mas que sentem inquietação e vontade de se reinventar ou, quem sabe, reconhecer um erro na relação e casar de novo (vale até ser com o mesmo marido).

Este livro não incentiva a separação.

Como acredito no potencial alheio, prefiro crer que todos têm a chance de fazer melhor da próxima vez. O casamento deriva de uma união voluntária, do desejo comum de construir uma família – e ninguém que se casa pensa em romper esse voto.

Após alguns anos do meu próprio divórcio, e já reconectada a um novo sentido para a vida (que pode significar reconhecimento profissional ou projeto familiar), sempre ouvia de alguma amiga o seguinte pedido:

– Fulana acabou de se separar. Você pode conversar com ela?

Na verdade, o que todas querem saber é se realmente vai passar. A resposta é sim, *existe luz no fim do túnel* – e não é a de um trem vindo na contramão!

Durante esse período, conversei com muita gente, e, a cada palavra, havia um desabafo, um suspiro profundo e um pedido de socorro. Às vezes, as lágrimas também eram inevitáveis. Ninguém, nem mesmo quem tomou a iniciativa da separação, passa por essa experiência sem dor.

Esse é o pior tipo de dor que alguém pode sentir, superado apenas pela dor da morte, porém muita gente parece não entender e trata aquela amiga separada sem o devido acolhimento e solidariedade.

Mas não vale levar para o lado pessoal, vamos apenas acreditar que as pessoas não têm a menor ideia do que você está passando.

— E o que faço agora?

Calma, não há receita nem um único caminho a seguir. É você quem vai reconstruir sua vida a cada pequeno e lento passo que der.

É hora de trabalhar a LONGO PRAZO. Pois, acredite, até na desilusão amorosa há um lado positivo. Como diz Elizabeth Gilbert, autora do best-seller *Comer, Rezar e Amar*, "a gente precisa ter o coração partido algumas vezes para provar que tentamos fazer alguma coisa".

Tudo começa com um anseio, um novo despertar. Uma vontade de zerar o cronômetro e recomeçar pelo primeiro dia do resto das nossas vidas, ou seja, AGORA MESMO!

o tempo não para

A única maneira de conviver com um elefante na sala é fingir que ele não está ali.

Luís Fernando Veríssimo

É muito raro que algum casal aceite o divórcio sem antes arriscar salvar a relação. As tentativas podem ser simples promessas de que os "pecados" cometidos jamais voltarão à cena, ou ainda mais elaboradas, que contam com o auxílio de um especialista ou mediador. No meu caso, tive o apoio de um dos mais renomados terapeutas desse segmento, o dr. Luiz Hanns, autor do livro *A Equação do Casamento*, que aborda a complexidade do alinhamento de expectativas na relação a dois.

Quando fui ao seu consultório com o meu (ex-)marido, embora estivéssemos dispostos a encontrar uma alternativa para seguirmos pelo mesmo caminho, era impossível não perceber o constrangimento que se estendeu até o momento da consulta.

Entramos na sala localizada no andar superior, passando pela pequena estante de livros que dá um ar de sabedoria ao lugar. Nos ajeitamos no sofá de couro preto de dois lugares, com um tapete persa acolhendo os nossos pés, e ficamos posicionados bem aos olhos do terapeuta. Abaixo da janela, havia uma mesa clássica amparando um pequeno abajur, cuja cúpula de pergaminho revelava a agenda de anotações que, depois vim a saber, registrava todo o histórico de quem esteve ali.

Entrei primeiro e me sentei do lado esquerdo. Meu (ex-) marido veio em seguida e tomou o lugar que sobrava. Até aí, nada de diferente. Depois de acomodados, com repertório cuidadoso e acolhedor, dr. Hanns nos transportou para as dimensões da equação ideal e outros *inputs* sobre o trabalho afetivo. Em determinado momento, pediu para congelarmos a cena e falou:

— Observem como vocês estão sentados! Não é preciso dizer mais nada!

Nos entreolhamos, tentando descobrir o que havia de errado. Eu estava de pernas cruzadas e afundada no encosto do sofá, ocupando metade do meu assento. Ele estava esparramado sobre o outro assento, além de ocupar a metade do que sobrava do meu, inclinado para a frente com os cotovelos repousados sobre os joelhos – o diâmetro de uma extremidade a outra devia ser mais do que o triplo do meu espaço.

Ainda assim, demorou para constatarmos o que se revelava óbvio naquele instante. E então, uma hora depois, a sessão terminou com um silêncio profundo.

Ao ir embora, apesar do novo conhecimento acumulado, o recorte da minha memória foi da frase que não parava de ecoar em minha cabeça: "Não é preciso dizer mais nada!".

Daquele momento em diante, fui me convencendo de que não havia mais necessidade de tamanho esforço para que tudo ficasse bem. Não que o terapeuta houvesse desistido da gente, ao contrário. Estávamos começando os trabalhos, mas mesmo sem certeza de nada, eu não queria mais continuar vivendo pela metade.

> Tudo começa com um sonho ou com aquilo que acreditamos que seja um sonho. O sonho de que aquela é a pessoa perfeita, que nos amaremos para sempre e que o resto conseguiremos resolver com o tempo. Mas os sinais estão lá desde o início, e nós, como principiantes, não vemos nada (ou não queremos ver). Achamos que somos superpoderosos, capazes de sobrepujar as incompatibilidades escancaradas, as lacunas, as faltas constantes... E enquanto podemos, vivemos o lado bom do sonho – viagens, festas, jantares. Até que chega a hora de ficarmos sozinhos, conversar, conviver... Não adianta estar no lugar certo, na melhor festa, com as pessoas mais animadas do mundo, pois na intimidade continuamos completamente vazios. Não existe cumplicidade, planos, desafios. Quando as passagens se distanciam, esse é o momento de colocar a mão na consciência e refletir. É difícil e dolorido. Mas nós temos superpoderes! Acho que é um pouco da ilusão que emprestamos dos contos de fadas (só não vale acreditar no final feliz a qualquer custo e ficar à sombra do protagonista). E de repente você aciona os bons e velhos amigos, só para pisar em terreno seguro. A melhor sensação de retornar ao jogo? Ouvir elogios, curtir as paqueras (que old school, né?!) e voltar a sorrir. No fim, a vida continua, e ela pode ser muito mais intensa e interessante.

M.C.

a melhor versão de você mesma

Aquele que conhece os outros é sábio. Aquele que conhece a si mesmo é iluminado.

Lao-Tsé

2

Viver é estar numa constante busca por experiências, em que você faz as escolhas e experimenta o resultado de cada uma delas. A ideia é fazer as melhores opções possíveis, mas errar é inevitável, assim como sentir as consequências indesejadas.

Os caminhos são uma espécie de cocriador no espaço coletivo, em que é importante se expor de acordo com crenças, valores, referências, códigos culturais e regras sociais, procurando ser legítimo e autêntico. Parece fácil, mas está longe de ser simples, pois existem armadilhas pelo trajeto, e elas acabam impondo algumas escolhas disfuncionais.

Venho treinando o olhar e o enxergar. Tem gente que acredita que se trata de sinônimos. Mas não são. Olhar ajuda a identificar os obstáculos, e enxergar faz revelar os truques e as máscaras que muitos de nós usamos.

Olhar no espelho é um exercício diário. Quem você vê? Quem está no reflexo? Enxergar é perceber sentimentos e emoções, é fazer uma leitura interna de quem você realmente é, além de ser a chance de se ressignificar. Tire a máscara, foque na figura do espelho e responda: você é capaz de exteriorizar o que sente?

Há quem diga que o espelho tem efeito hipnotizante. De Narciso, apaixonado pela própria imagem, até a Rainha Má, entorpecida pela inveja da beleza de Branca de Neve, todos sucumbiram ao alter ego.

Nossos pais funcionam como modelos e espelhos. Nós os tomamos como os exemplos a serem seguidos, as referências mais concretas e coerentes que temos. São os acertos que queremos conquistar e os erros que gostaríamos de evitar e somos incapazes de discernir. E é aí que repetimos o padrão das narrativas com roteiros que nem sempre contemplam a nossa felicidade.

"A hora que você perdoa o outro (ou seus pais), você perdoa a si mesma. E, assim, consegue ver sua figura real no espelho que está oculta de você mesmo", ensina o médico imunologista Alexandre Nowill, que me ajuda na incansável busca por autorresponsabilidade. "O desafio pode ser aquela repetição disfuncional que só você pode resolver", acrescenta ele. E, no fim, como pontuou Luiz Hanns no livro A Equação do Casamento, "perdoar não significa esquecer, negar ou minimizar a importância do impacto causado. Perdoar é humanizar, empatizar com o parceiro, compreender o contexto e repactuar a relação".

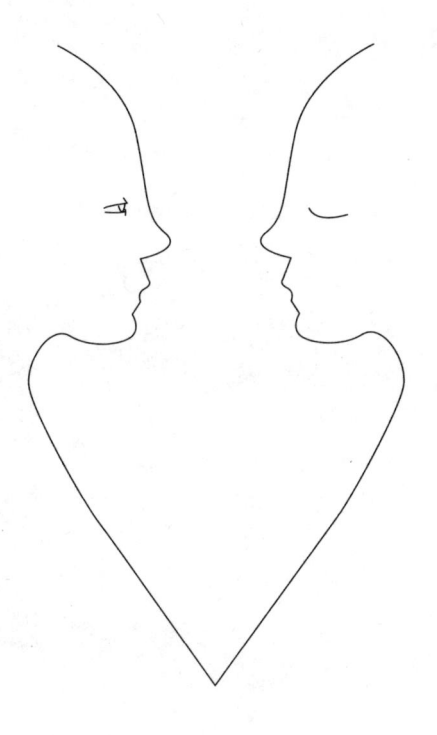

" Não fui criada para casar – esse não era um dos valores da minha mãe, e é interessante que fui descobrindo durante a análise que também não fazia parte dos planos do meu pai, que, mesmo tendo crenças supermachistas, sempre valorizou as mulheres que trabalhavam. O meu pai é casado com uma mulher muito forte e foi educado por uma mãe à frente de seu tempo. Minha avó foi pioneira ao cursar faculdade, e admirava mulheres independentes. Então, embora meus pais não fossem muito alinhados em vários assuntos, nesse ponto eles concordavam: era importante para os dois que eu fosse independente. Casei apaixonada e muito cedo; construir uma família estava no topo das minhas prioridades. Trabalhar e estudar continuavam sendo fáceis, mas casamento e filhos sempre foram (e sempre serão) o meu maior desafio. Muitas vezes considerei o meu casamento ruim – depois de tantos anos e com filhas adolescentes, manter o romance e nos dar prioridade viraram uma missão impossível. Não foram poucas as vezes em que pensei que era melhor ficar sozinha do que estar mal casada. Hoje, aos 45 anos e depois de um ano separada, tive a chance de reafirmar as qualidades do meu marido difíceis de encontrar em outras pessoas. Me dei conta de que não queria abrir mão do meu companheiro de vida. Como havia amor e o nosso vínculo era muito forte, decidimos fazer um trabalho de constelação familiar e depois começamos terapia de casal. Numa história de 25 anos, com três filhas, é difícil não cometer erros – e nós dois erramos. O que a gente não perdeu um pelo o outro foi a admiração e o amor, por isso valeu a pena 'recontratar' o casamento. Famílias que passam por crises e adversidades ganham muito quando conseguem superar esses períodos turbulentos. Talvez fosse mais fácil ficar sozinha, buscar algo novo, mas não foi o meu caso; descobri outras histórias iguais à minha, com muitas tentativas, erros e acertos. Não tenho resposta para a relação a dois, fiz uma escolha que exigia muito comprometimento quando me casei e decidi ter três filhas. Só posso dizer que nesta escolha o aprendizado é diário e intenso. Isso para mim dá sentido à vida. "

V.C.

uma breve história do tempo

O paraíso é um conto de fadas para pessoas com medo do escuro.

Stephen Hawking

3

Somos fruto de uma sociedade latina, patriarcal e machista, permeada por estereótipos rígidos – e olha que nem a sensualidade à flor da pele ajuda! Em décadas passadas, algumas mulheres foram criadas para ser donas de casa exemplares, mães de muitos filhos e a esposa que anda dois passos atrás do marido. No passado, essa era exatamente a composição que dava as cartas. Para as mulheres não existia vida após um casamento fracassado.

Antes de os colonizadores aportarem por aqui, as uniões começavam e terminavam naturalmente. Então os portugueses apresentaram os dogmas da Igreja Católica para a "nova civilização", sendo a indissolubilidade do matrimônio um dos mais importantes. Essa realidade foi revista em 1890, quando o país adotou o casamento civil e a separação de corpos por adultério, injúria grave, abandono do lar e mútuo consentimento.

Somente no Código Civil de 1916 foi introduzido o desquite, que autorizava a separação conjugal (com as mesmas premissas da separação de corpos), mas sem romper o vínculo matrimonial. E, por conta do preconceito, as mulheres suportavam relacionamentos abusivos ou infelizes "até que a morte os separasse".

O divórcio passou a existir em 1977, e com regras duras: era necessário estar separado há mais de cinco anos e ele só poderia acontecer uma vez. Ou seja, casar de novo e se divorciar, nem pensar!

Fico aqui matutando sobre a primeira mulher a se divorciar no Brasil. Durante as pesquisas para este livro, me deparei com a história dela, Arethuza Figueiredo Henrique Silva de Aguiar, carioca de Niterói, advogada e às vésperas de completar 80 anos. A primeira linha de suas dezenas de entrevistas é sempre a mesma: "Ninguém deve fingir nada, nem por patrimônio, nem pelos filhos. Nenhum filho prefere ver um matando o outro em seu nome".

Faço parte da geração do divórcio. Sou filha de pais divorciados – que não se casaram com outras pessoas –, educada para construir uma família sólida, sem direito a equívocos. E assim a vida vai se limitando aos desejos dos outros.

Arethuza confessa que topou subir ao altar por influência da mãe, em 1963. Teve duas filhas, e o casório acabou de fato em 1970, quando ela quis o desquite. Esperou sete anos para consolidar a decisão – mas ganhou um lugarzinho entre as mulheres inspiradoras, dessas que hoje chamamos de "empoderadas".

Eu precisei de menos tempo para retomar o controle do meu destino, mas, mesmo em pleno século XXI, me vi rodeada por questões que deveriam ter sido sepultadas há décadas.

" Tive dois relacionamentos mais longos. Saí da casa dos meus pais para morar com o meu namorado. Ficamos três anos vivendo juntos, depois de outros três anos de namoro. Na segunda vez, o relacionamento também durou seis anos. Separei-me as duas vezes assim que percebi que as relações não faziam mais sentido. Nunca tive a preocupação com a questão de ser vista como uma mulher divorciada. Tive, sim, medo e culpa pela possibilidade de prejudicar a minha filha. Senti-me egoísta, culpada por causar dor a ela e à pessoa que estava comigo. A separação, claro, foi complicada no começo, mas depois de algum tempo o ambiente ficou leve e saudável – e isso é importante para mim. Sempre optei por ser coerente, contrariando conceitos da educação conservadora que recebi. Sei que temos que ter uma máscara social e um filtro para o bom convívio, entretanto ainda tenho dificuldade com isso. "

A.L.

felicidade

Cada um de nós é como um homem que vê as coisas em um sonho e acredita conhecê-las perfeitamente, e então desperta para descobrir que não sabe nada.

Platão

O universo conspira para que sejamos felizes. Isso é fato. Até as pesquisas de universidades renomadas comprovam que é possível desenvolver ferramentas pessoais para construir e manter uma vida feliz. Você pode viver um momento extremamente triste, mas isso não significa que deixará de ser uma pessoa feliz.

Diz o professor de Harvard, o israelense Tal Ben-Shahar, que a felicidade não é meramente uma estatística ou um estado de espírito, mas sim "um processo que termina apenas com a morte". E ele prossegue: "Desde que não machuquemos ninguém, devemos fazer as coisas que nos proporcionam satisfação pessoal e profissional. De fato, eu não acredito que podemos ser felizes se ferimos alguém, então seguir as nossas paixões é um bom conselho – praticamente e moralmente".

Descobrir para onde e com quem queremos ir é fundamental para encontrarmos esse sentimento. Mas como encontrar as causas da tristeza e ser finalmente feliz? Existem respostas rápidas e simplistas como beleza, fama e dinheiro. O que alguns veículos de mídia nos fazem acreditar a maior parte do tempo. Ledo engano.

Recentemente, as pessoas anseiam por propósito, equilíbrio, qualidade de vida e outros incentivos menos tangíveis. Uma dica que funcionou para mim foi perseguir esses anseios.

Claro que não é fácil, especialmente porque o divórcio nos impõe uma sensação inerente de fracasso. Eu ouvi muito: "Coitada dela com três filhas!". "Não dá para aguentar mais um pouco?" Parece que a culpa é integralmente nossa. E é nesse contexto que a "resiliência" entra em cena. "Trata-se da nossa capacidade de lidar com problemas da vida, com os perrengues do dia a dia e de resistir às mudanças e às diferentes pressões que a vida nos traz", diz Camilla Couto, orientadora emocional para mulheres, com foco em relacionamentos.

Entretanto, não é apenas nas situações de ruptura que a resiliência deve ser usada: no entendimento emocional do casal, ela é fundamental para aceitar as ações e as reações do par. "Isso proporciona mais segurança para impor limites e se colocar de forma verdadeira e integral", diz Camilla.

"Você treina para ser psicologicamente resiliente assim como faz fisiologicamente. Para nos tornarmos mais fortes fisicamente, precisamos nos esforçar – levantar pesos, exercer energia, lutar. Da mesma forma, para cultivar a resiliência, temos que passar por dificuldades, experimentá-las e abraçar tudo isso", avisa Ben-Shahar.

A palavra vem do latim *resilire*, que significa algo como "voltar atrás". Segundo a especialista, na física ela indica a capacidade que determinados objetos têm de voltar ao seu estado original mesmo depois de terem sofrido um choque ou uma mudança, como acontece com a borracha, por exemplo. Como explica Camilla, "você empurra e ela volta ao formato original. Isso é resiliência. Há materiais mais ou menos resilientes. Assim como há pessoas igualmente mais ou menos resistentes e maleáveis. E isso tem relação direta com as nossas emoções".

"Ser resiliente não nos blinda de situações de vulnerabilidade, mas faz com que não deixemos que o desespero tome conta de nós", avisa a orientadora. Para ela, repensar a forma como lidamos com as adversidades é importante para entendermos qual é o nosso grau de resiliência. Ser resiliente, no fundo, é se desvencilhar do medo.

" Nunca imaginei uma dor tão visceral. Era como se eu estivesse enterrando o meu grande amor, morto por uma bala perdida ou um aneurisma. Mas ele não estava morto, só estava apaixonado por outra pessoa. Fui tomada pela surpresa, recém-chegada de uma viagem romântica. Estávamos juntos há duas décadas, éramos companheiros, íntimos, confidentes. Nos conhecíamos pelo tom da risada, pelo silêncio, pelas mãos que viviam entrelaçadas. Se os sinais se jogaram na minha cara, confesso que estava completamente cega. Quem lhe roubou o coração veio à minha porta para levá-lo consigo. Não resisti, não lutei, não implorei. Apenas fui ao chão, num abismo tão profundo que pensei ser impossível escapar. Senti o corpo rasgando, frágil, doente. E aí descobri o significado da palavra 'resiliência'. Renasci como uma fênix, enxuguei as últimas lágrimas e virei a página. Hora de enterrar os mortos, de sacudir a poeira e dar a volta por cima. Só não consegui me livrar das cicatrizes, mas, em vez de passar o tempo renegando-as, aprendi que elas são o meu direito de olhar no espelho e saber que até as maiores feridas têm cura. Agora sei que a felicidade é embarcar num voo solo, cravar os pés no desconhecido e ter a sabedoria de que não se alcança o topo sem algumas quedas. Acredite, existe amor *post divortium*, e ele é renovador!"

P.F.

amar,
verbo intransitivo

De repente a vida te vira do avesso, e você descobre que o avesso é o lado certo.

Caio Fernando Abreu

5

A ideia do livro, na verdade, foi inspirada na minha própria história. Conheci o meu atual marido na sala da antiga casa em que morava. Foi assim que apareceu a oportunidade de me envolver em algo que sempre quis fazer e me enveredar por caminhos na companhia de pessoas que acreditam no que fazem e ao lado das quais eu gostaria de caminhar.

Já divorciada e louca para retomar alguns projetos trancafiados na gaveta, cedi minha casa aos apelos de uma amiga que precisava de um espaço para apresentar uma organização comprometida com a formação de novas lideranças, por meio de um jantar. Os convidados eram publicitários geniais, médicos, advogados, empreendedores, alguns conhecidos e grandes empresários.

Era agosto de 2014. As eleições para presidente da República estavam para acontecer em outubro, e a pauta política estava presente em todas as rodas de conversa de gente interessante e interessada.

Turma afiada. Eu, como coanfitriã, me preocupei com o tom das perguntas direcionadas aos palestrantes. Ninguém os poupou. Depois de horas de sufoco, de sabatina intensa e muita atenção, a maioria nem jantou, muito menos bebeu o vinho disponível no aparador. O evento foi um sucesso.

A organização chamada RAPS encantou alguns que ali se tornaram apoiadores da causa. Inspirou futuros atores do cenário político e abriu caminho para outros movimentos que entenderam a necessidade e vislumbraram a oportunidade na construção de uma melhor política brasileira.

No dia seguinte, recebi um educado e-mail de agradecimento acompanhado de um convite para tomar café. "Programa corporativo", ponderei. Mas topei. Nos sentamos na última mesa da padaria Mr. Baker, em São Paulo. Ele pediu a clássica média, e eu um macchiato mais atrevido, com alguns pães de queijo. A conversa fluiu.

Rapidamente deixamos claro que ambos estávamos separados e solteiros, e fiz questão de frisar que não tinha planos de entrar em um novo relacionamento. Ele fez um sinal de afirmativo com a cabeça, mas depois descobri que nunca levou a sério a minha convicção (talvez porque nem eu tinha a certeza do que realmente queria).

Depois de duas horas no encontro regado a café, ainda com muito assunto pela frente e sem nenhuma vontade de voltar para casa (dia das minhas filhas jantarem com o pai), ele me perguntou se podíamos continuar o papo durante o jantar. E eu – que estava completamente fora do circuito, "fechada para balanço" – acabei por me deixar envolver.

Fomos a um restaurante japonês, uma deliciosa rotina que, desde então, repetimos: terças-feiras no nosso lugar preferido, direto do trabalho.

Não tínhamos quase nada em comum, a não ser uma imensa admiração mútua. Ele, o rapaz típico do interior, nascido em uma família matriarcal, cercado de irmãos naturais e adotados (a mãe, costureira, mantinha um orfanato com mais de cem crianças), que só tinha um caminho para seguir: o do estudo. E ralou muito para ingressar em uma universidade pública; três anos ao todo. Depois de cursar Direito na USP e Administração de Empresas na FGV, ele concluiu o mestrado e o doutorado na USP e foi *visiting scholar* em Harvard. Trabalhou duro, conquistou o respeito do mercado, transformou a racionalidade em uma espécie de origami (inteligência emocional é o forte dele) e inverteu a lógica.

Eu, nascida em uma família tradicional, financeiramente estável, apenas irmãos homens (com aquele "quê" machista intrínseco), estudante de colégios particulares e a ideia fixa de ser a mocinha de um conto de fadas.

Mas o destino pode ser traiçoeiro. A Mônica desenhada tão bem por Renato Russo – aqui fazendo o meu papel – nada tinha de ousada, feminista e dona de suas emoções. Ela estava mais para a Cinderela que aguarda o príncipe chegar montado no cavalo branco. E ele perde a hora ou desiste no meio da aventura! O Eduardo – na pele do meu verdadeiro amor – estava longe de ser aquele cara meigo e inexperiente. Ele estava mais para alguém forte, destemido e cheio de atitude.

Esse foi o encontro de uma Mônica (com um grande pacote a tiracolo) e um Eduardo maduro. Foi absolutamente inusitado, instigante, ainda que no primeiro momento eu tivesse deixado claras minhas intenções em seguir sozinha.

De tantas diferenças, foram aparecendo cada vez mais pontos que se conectavam. E deu no que deu – outros encontros. E, assim como Eduardo e Mônica, nós fomos nos completando, deixando para trás os mundos diferentes que tanto nos representavam.

Nós éramos tão diferentes e ao mesmo tempo tão iguais! Queríamos a privacidade de estar só (que é bem diferente da solidão) e ao mesmo tempo nos perdíamos em meio à proteção de braços reconfortantes. Eu, mãe de três meninas, pronta para reconstruir um futuro solo, estava bem ali, cara a cara com um homem de verdade, idealista, ético, generoso e sedutor. Tantas vozes diziam para eu me afastar, e eu, na mesma proporção em que sentia vontade de viver aquele momento, elaborava táticas para minar a paciência dele. E, a cada passo que dava para trás, instintivamente saltava dois para a frente.

Pensei rapidamente que ele nunca mais daria notícias. Mas, de novo, eu estava errada. Não dá para mandar em tudo, existem coisas que saem do script. Acreditem: uma ruptura e uma descontinuidade de um nem tão feliz projeto de vida podem ser a melhor coisa que já te aconteceu!

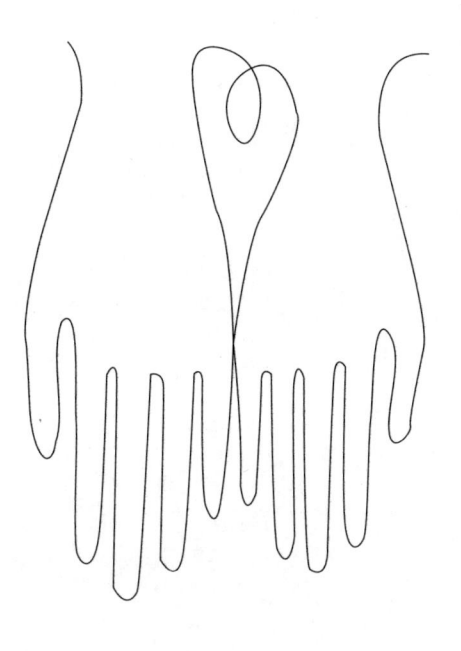

" A referência que sempre tive de casamento e família vinha dos meus pais. Quem era separado era visto como alguém que teve que se separar por motivos graves. E assim segui com minha escolha por também casar e ter família. Encontrei um companheiro que considerava ideal para essa jornada em que existiriam alegrias e tristezas, altos e baixos, conquistas e desafios. E foram dez anos seguindo o roteiro de ser esposa, mãe, filha, irmã, profissional e amiga. E não podia falhar em nenhum desses papéis. Acredito que tínhamos um bom casamento, mas havia em mim, apesar de tudo, uma inquietação enorme por ressignificar muitas coisas na vida e que colocava embaixo do tapete para não ter que lidar com o trabalho que seria rever o que não me trazia paz. O casamento também fazia parte desse questionamento. Até que veio o fatídico envolvimento com outra pessoa, que em muitos momentos pensei que seria momentâneo e que conseguiria sair ilesa e continuar seguindo a minha vida. Só que não. Vivi o maior tsunami que uma pessoa pode viver – e tudo veio abaixo. Além do escândalo, também experimentei a dor da separação (que é enorme), porque você não se separa de uma pessoa, você se separa de um projeto de família idealizado, das amigas e dos amigos que faziam parte daquele cenário, você se separa da forma como se relacionava com a vida a partir daquela identidade de casal e de família. Passado o choque, a poeira foi baixando e fui recolhendo os cacos para reconstruir algo novo. Escolhi o pior caminho para trazer mudanças para minha vida e jamais escolheria de novo. Porém, não me arrependo da pessoa que me tornei, de onde cheguei, da maturidade que adquiri. Mesmo com toda a dor que passei, hoje estou onde queria estar e sou quem eu queria ser.

"

M.F.

ponto fora da curva

*Quanto mais cinza o mundo fica,
mais brilhante ele se torna.*

U-Bend Theory

6

Existe um estudo que diz que ficamos melhores e mais felizes com o passar dos anos. É o que afirma a U-Bend Theory, cuja essência revela que, conforme perdemos vitalidade, memória e boa aparência, ganhamos o que muita gente passa a vida procurando: felicidade. O artigo, publicado na revista *The Economist* (edição de 16 de dezembro de 2010), causou frisson entre os leitores justamente por abordar o tema da meia-idade de forma descomplicada.

Li sobre o assunto aos 43 anos, quando o meu marido, então namorado, me trouxe a publicação. Fiquei impressionada de imediato e resolvi buscar mais informações a respeito. A curiosa teoria tem raízes no Butão, onde alguns economistas não convencionais buscaram uma medida mais satisfatória que o dinheiro para entender o bem-estar do povo. E, assim, criaram o FIB (Felicidade Interna Bruta) no lugar do PIB.

Já tem muita pesquisa publicada na America's General Social Survey, Eurobarometer e Gallup sobre o tema e a correlação entre felicidade e idade. Os estudos levam em conta o lado financeiro das pessoas e como elas se sentem em determinados momentos da vida. Perguntam sobre os sentimentos mais profundos como ansiedade, angústia, raiva, alegria e amor. Nem sempre as respostas são unânimes: ter filhos, por exemplo, tende a deixar os pais contentes e preenchidos, mas, por outro lado, rende muito mais preocupação.

Com isso esclarecido, fica a interrogação: em qual idade realmente somos mais felizes? A conclusão, dizem os cientistas que emplacaram as diretrizes da U-Bend Theory (que pipocou para valer a partir de 1990), é que a vida começa aos 46 anos! Com brilho e bom humor.

Os estudos mostram que as pessoas de 40 (e tantos) anos são melhores em lidar com emoções e demonstram mais segurança. Muita gente está em busca de vontades reais e se preocupa menos em agradar o outro em detrimento de si próprio. "Bons relacionamentos são feitos de pessoas inteiras e maduras, que aprenderam a se amar e a se respeitar e que, por isso, são capazes de amar e de respeitar os seus parceiros", completa Camilla Couto. Trata-se, evidentemente, de um processo de renovação, de como você encara a vida.

Importante citar também outra análise sobre a felicidade, feita por pesquisadores da Universidade de Harvard, que acompanhou 724 homens durante 75 anos. O resultado trouxe à tona o segredo para ter sentimentos mais positivos: manter relações interpessoais afinadas, principalmente com os cônjuges. "Quanto mais cúmplice (do par, da família ou da comunidade), mais feliz a pessoa será."

Relações conflituosas acarretam infelicidade e ilusões. E, como não conseguimos mudar ninguém, somos obrigados a mudar a nós mesmos. Entretanto, já sabemos que nada mais é dado como certo. As estruturas sociais que foram criadas para nortear os valores praticamente sumiram.

Temos, então, que ressignificar tudo de novo e entender como ficamos no cenário atual.

A dúvida, diante dessa perspectiva é: há receita para um casamento perfeito? Camilla Couto acredita que existem experiências que, por mais doídas que sejam quando chegam ao fim, tiveram a sua importância e o seu tempo certo para acontecer: "Tudo o que vivemos nos prepara para o que vamos viver depois. Por isso, é fundamental passar pelo luto de um relacionamento que termina, recolher os cacos de um coração partido e, depois, no tempo certo, partir para outra. Não existe fórmula mágica mas certamente há um ingrediente que não pode faltar: a verdade! Entenda quem você é, seja verdadeira consigo mesma e valide os seus anseios, os seus objetivos e as suas emoções".

> Sou filha de pais divorciados que não se falam e tiveram o pior dos divórcios litigiosos. Jurei que nunca passaria por isso, muito menos submeteria os meus filhos a esse tipo de situação. Mas, quando descobri um bilhete de outra mulher na roupa do meu ex-marido, quase surtei. Apesar de estar em uma relação 'morna', não queria assumir aquele fracasso. Passar pelo padrão dos meus pais. É verdade que tomei decisões que não foram as melhores para mim apenas para fazer diferente da minha mãe e do meu pai. Não adiantou. O meu ex tinha tudo para ser o cara certo. Estudou nas melhores escolas, tem uma família estruturada, conseguiu as melhores oportunidades de trabalho, bons amigos e correu atrás de seus sonhos (embora eles não tenham vingado). Porém, a soberba com que sempre encarou a vida acabou por boicotar as suas chances de empreender. Essa soberba de quem tem poder monetário dá para o homem ou para a mulher a sensação de ser dono do outro.
>
> L.N.

bolsa de valores

*Como o amor não se compra,
é infalivelmente morto
pelo dinheiro.*

Jean-Jacques Rousseau

Na época da minha bisavó, a mulher de família abastada tinha dote, que era passado para o marido com a única finalidade de "acertar" o casamento entre os envolvidos e, assim, obrigar a mulher a ficar inteiramente dependente dele. O declínio do dote deixou o casamento mais romântico e passou a ser uma escolha do casal e não mais um negócio entre famílias patriarcais.

De volta ao século XXI, a minha geração é denominada X, e nós, em tese, casamos por livre e espontânea vontade. Porém, falamos pouco sobre dinheiro. Os pactos ficam restritos às famílias com grandes fortunas.

Tenho o entendimento de que as mulheres da minha idade foram as últimas a fazerem a escolha entre a carreira e vida independente e o conforto de ser dona de casa e mãe, sendo essa segunda opção um modelo tentador que muitas de nós elegemos pela deliciosa experiência de viver a maternidade em tempo integral. O único problema é que o marido (ou a família) não poderia deixar de ser o provedor, caso contrário a casa cairia.

"Na nossa opinião, a expectativa de que as mulheres fiquem atreladas, prioritariamente, à maternidade, à criação e à educação dos filhos e aos cuidados do lar, ao contrário do que possa parecer, salvo, obviamente, exceções, encontra suporte, antes de qualquer imposição social, no desejo íntimo e na natureza da própria mulher. Vejo muitas mulheres que buscam formação profissional e acadêmica, hoje muito mais acessível do que no passado, mas que logo que se casam ou se tornam mães tranquilamente renunciam a suas carreiras e consumação profissional pela realização familiar, e nesse plano, é claro, contam com o apoio de companheiros e maridos que facilitam a decisão e se colocam como provedores naturais. O 'contrato' entre esse casal continua o mesmo, com a singela diferença de que agora a mulher estudou, formou-se numa faculdade, cursou MBA ou se especializou em alguma matéria, então 'cuidar da família', 'criar os filhos' e ser a 'dona da casa' passa a lhe parecer uma 'opção', 'uma escolha do casal', e não uma 'imposição'. Nossa estrutura social é, portanto, machista e patriarcal no que diz respeito ao papel de provedor e acumulador de riquezas ao homem e cuidadora e mãe zelosa à mulher, mas essa expectativa, e perspectiva, começa dentro da cabeça de cada mulher que não aceitaria, nem por um segundo, 'sustentar o marido' ou deixá-lo cuidando dos filhos enquanto 'ela sai para caçar'. Reclamamos por reclamar, porque na prática sentimos vergonha do marido caseiro, ou até 'usadas' por ele, caso o sustentemos, mas o inverso nos cai como uma luva, não há culpa. O problema é que lá na frente colheremos uma frustração imensa, seja num divórcio, quando descobrimos que não conseguiremos manter o mesmo padrão de vida que nos era 'cedido' pela 'generosidade' ou pela circunstância de estarmos com este ou aquele marido, seja no momento em que os filhos crescem e o ninho fica vazio. Nesse caso, não é só o ninho que ficará vazio, mas o papel daquela mulher na sociedade. Seu engajamento em geral começa aí, seguido de uma busca dolorida por uma nova função. Muitas vezes não é tarde demais, mas, quando não se encontra o que – e por que – fazer algo, a vida pode perder o sentido. Os tempos, contudo, estão mudando. Vivemos uma onda de questionamento de papéis, e até de gêneros, mas sabemos que mudanças reais de comportamento e padrão só serão visíveis porque se tornarão majoritárias nas próximas gerações", reforçam as advogadas Carolina Mellone Etlin e Ana Luiza Barsam.

Como faço parte do time de mulheres que experimentaram o divórcio na faixa dos 40 anos, tive que reaprender a tomar o controle da minha vida – e, acredite, uma das primeiras e mais necessárias providências que precisei tomar foi equacionar as contas. Foi assim que comecei a organizar a minha linha de raciocínio financeiro, trazendo à tona uma lição que jamais vou me esquecer: o empoderamento financeiro (do qual nunca deveria ter aberto mão).

Já estava habituada a usar planilhas, que meu pai nos ensinou desde que passou para mim e para os meus irmãos uma renda que nos permitiu a emancipação – não de direito, mas tivemos a base para nos emancipar de fato, com recursos e ferramentas necessárias.

Éramos responsáveis pelo gerenciamento de toda e qualquer conta que contraíamos, da escola ao dentista. O único detalhe que deixei de fora foram as colunas do investimento e da doação, como forma de retribuição. (Ah, se eu tivesse feito isso antes! Mas o consolo é que "a vida começa aos 46", então tenho todo o tempo do mundo para rechear a minha aposentadoria e me engajar em projetos que façam sentido pra mim.)

Não adianta torcer o nariz, pois sem matemática não se vive.

Eu bem que tentei me livrar dela e fiz todas as escolhas profissionais direcionando o foco para a área de Humanas. Não adiantou... Aos 40 anos, me vi às voltas tentando recuperar o tempo perdido.

No livro *Ganhar, Gastar e Investir*, de Denise Damiani, que li recentemente, há uma metodologia que me ajudou muito e consiste em organizar uma planilha de maneira que fique visível que é preciso gastar menos do que se ganha, e que parte disso deve ser investida. Com roteiro prático e didático, o livro dialoga com o mundo das finanças pessoais de maneira que nos incentiva a equacionar as contas e enriquecer.

Todo mês tento separar parte da renda para mim. Você já experimentou "se pagar" antes de todos os outros compromissos? Claro que é bem difícil e nem sempre dá para seguir essa regra. Também não vale ser irresponsável, se pagar e esquecer das contas fixas e dos demais acordos e compromissos assumidos.

A chave para o sucesso de uma planilha visual é que isso vire rotina e você desenvolva sinergia com o dinheiro para que, futuramente, ele trabalhe para você. O importante é a disciplina, e todo centavo conta. A decisão de quanto vai separar para investir e doar é sensível e pessoal, mas acredito que, para o resto da vida, essas duas colunas precisam fazer parte da nossa mensalidade, assim como todas as outras contas básicas.

Construir riqueza é sempre uma decisão que tem a ver com o estilo de vida, o papel que você ocupa no mundo, a sua inserção no contexto social e outras variáveis.

O que proponho aqui é que você retome o controle da sua vida: pague as suas próprias contas, administre os seus bens e, se você não tem nada ainda, comece a correr atrás e construa! Seja uma carteira de ações, de imóveis ou de créditos diversos.

Independentemente do momento econômico do país, o mais importante é ter força de vontade e pensar: "Se quero ser livre, preciso tomar decisões sem pedir permissão para ninguém".

Quero conduzir o meu portfólio, ser dona de mim mesma. A partir daqui, administro os meus recursos sozinha. Claro que converso com muita gente, minha família, meu marido, meus gurus financeiros, meus amigos e amigas investidores, grandes gestores que ficam loucos comigo quando me animo em me aventurar na Bolsa de Valores.

E sigo de olho na oscilação dos números. Evidente que é preciso estudar o mercado. E trabalhar muito. Enquanto a renda não for suficiente, trabalhe e alcance a sua liberdade, pois o discurso sobre liberdade sem ser independente financeiramente é só um estado de espírito. Válido, mas é apenas o começo.

> Não percebi nenhum sinal. Nosso casamento não era um conto de fadas, mas achei que fosse normal. Uma história com rotina, na alegria e na tristeza, na saúde e na doença, na riqueza e na pobreza. E, então, os problemas financeiros começaram. Pequenas privações suportáveis até perdermos a casa para pagar uma dívida e termos que nos mudar. Eu, parceira, fiz as malas e não reclamei. Alugamos um ótimo apartamento. Um ano depois, sem conseguir pagar o aluguel precisamos nos mudar de novo. Ao fazer as malas mais uma vez, escutei: 'Não quero mais ficar casado com você'. 'Como assim? - retruquei –Sou sua parceira há 17 anos'. Nunca passou pela minha cabeça desistir da família. Não senti nenhum sinal de crise afetiva. Do dia seguinte em diante, parecia que aquela pessoa com quem dividi a mesma cama tinha virado um monstro. As contas deixaram de ser pagas automaticamente. A cada mês, uma surpresa. Nenhuma conversa. Restaram apenas as ofensas. 'Eu sei que a sua família pode ajudar. Peça para eles!' As diferenças se escancararam, assim como os valores. O paradoxo é que nunca fui incentivada a trabalhar. Sempre me diziam que a melhor profissão é ser uma boa mãe. Tenho dois filhos. Por necessidade, transformei o meu hobby em um business. Tenho crescido profissionalmente, mas ainda não consigo dar conta do padrão de vida que nos foi apresentado desde o nascimento das crianças. Mas sei que vou chegar lá – é só uma questão de tempo."
>
> C.C.

os sinais estão ali

Seja qual for o relacionamento que você atraiu para dentro da sua vida, ele foi aquilo que você precisava naquele momento.

Deepak Chopra

Em um dos incontáveis workshops sobre autoconhecimento de que participei antes, durante e, principalmente, depois do divórcio, muito me impressionou a coragem de uma palestrante em particular. Falo de Morena Cardoso.

Autêntica e segura no papel de uma mulher que teve a audácia de rasgar a fantasia, alterar o roteiro da sua origem e ir ao encontro do seu propósito, ela contou que nem sempre foi fácil. É comum em nosso entorno nos sentirmos culpadas ou envergonhadas por ousar romper com os padrões impostos, com nossos papéis sociais pré-estabelecidos pelo endereço onde nascemos. Mas Morena conseguiu.

Ela se autointitula uma peregrina, que se descobriu quando finalmente gostou do que viu no espelho fornecido pelos povos de diversos lugares do mundo por onde se aventurou. Prestou atenção aos sinais. Se conectou com a natureza. "Para mim, tudo é questão de perspectiva, e a disciplina positiva é parte da escolha de querer ver as coisas pelo copo meio cheio – mesmo nas dificuldades e nos grandes desafios, sempre agradeço pelo aprendizado", diz.

Pediu ajuda em voz alta. Parou para ouvir. Com muita delicadeza e humildade, ela contou com a experiência de mulheres mais velhas, mesmo sem conhecê-las em um primeiro momento. Conseguiu se juntar à alma dessas senhoras e sentiu-se acolhida. "As pessoas têm ilusões a respeito da vida e estão sempre buscando o que não têm. Elas têm medo de serem felizes, de saírem da caixa, de dizerem o que pensam, de lutar pelos seus sonhos e visões. Aí ficam tentando se contentar com pouco num descontentamento infinito."

A bússola da vida é norteada pelos detalhes e pode te levar a lugares que você jamais pensou em visitar. Às vezes, queremos tanto alguém ou alguma coisa que ficamos habituados à inércia da dor e deixamos escapar o pequeno vaga-lume que poderia nos levar a um lugar de abundância. Imagine, por exemplo, a fartura do amor conquistada por meio de uma relação de verdade, cheia de cuidados?

Repare nos sinais que a vida lhe dá. Faça melhores escolhas. Uma escolha por si, e não para satisfazer alguém ou algum contexto. Parece simples, mas não é. O ato de fazer escolhas se chama livre-arbítrio.

A nossa condição humana continua nos pregando peças. Me sinto cada vez mais intrigada com o comportamento das pessoas. Corremos atrás dos limites que a sociedade nos impõe o tempo todo, mesmo sabendo que o "essencial é invisível aos olhos", como escreveu Antoine de Saint-Exupéry no clássico O Pequeno Príncipe, há mais de meio século.

A filósofa alemã Hannah Arendt também fala que a alma se expressa melhor com um olhar, um gesto ou um som. Mas está tudo tão efêmero, superficial e material que nos distraímos e podemos fazer escolhas equivocadas. E nesse enredo é inevitável questionar qual a razão de ainda insistirmos tanto em pegar atalhos.

Vivemos ainda hoje na "Sociedade do Espetáculo", como cravou o escritor francês Guy Debord, em 1967, que, mesmo com o delay de mais de 50 anos, o agora só existe quando compartilhado e curtido. A quantidade de likes se traduz na relevância do seu conteúdo, entretanto isso não gera amor, tampouco felicidade.

> Fui a primeira da minha turma a casar – tinha, à época, 19 anos. Sempre fui muito desprendida, ousada, e acabei encontrando um homem, 11 anos mais velho, que era o meu oposto. Ele era organizado, responsável, centrado – e me apaixonei por essas qualidades que tanto me faltavam. Ficamos juntos por oito anos, e durante esse período fomos muito felizes, pois construímos um relacionamento de troca, no qual aprendemos com as nossas diferenças. O encanto acabou com o tempo – e nós até tentamos salvar o casamento com terapia e aconselhamento familiar, mas percebemos que nos tornamos amigos. E a decisão de sair de casa foi minha. Claro que foi difícil, já que estava prestes a começar tudo de novo (e eu era, novamente, a primeira da turma a me divorciar). Então resolvi focar no trabalho – com a maturidade que havia talhado até aquele momento. E quando eu menos esperava, um mês depois de voltar ao status de solteira, encontrei o grande amor da minha vida. Todos acharam que era loucura, mas me permiti viver aquele sentimento intensamente – que me deu dois filhos e soma mais de 20 anos de alegrias. O que digo sobre isso é que a vida é feita de erros e de acertos, e não dá para ter medo de experimentar as aventuras que o destino nos traz. Temos que ser intensos e aprender a ter o coração aberto, porque essa é a única forma de ser feliz de verdade."

P.B.

e eu com isso?

Toda separação é triste. Ela guarda a memória de tempos felizes (ou de tempos que poderiam ser felizes), e nela mora a saudade.

Rubem Alves

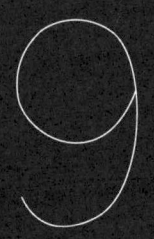

Se você pensa ou já pensou em se separar, este capítulo aborda o tema mais sensível e talvez o que te deixe mais reticente para tomar outro caminho: a conversa com os filhos. Nunca é o momento certo para anunciar o divórcio.

Mas se a mudança é inevitável, como se preparar para ela?

De acordo com a minha querida amiga e Family Coach, Teca Alcantara Machado, o ideal seria o pai e a mãe terem o mesmo discurso (sempre!). Isso não quer dizer contar todos os "porquês", ainda mais se o motivo verdadeiro da separação for algo totalmente inadequado. Deixo para cada um imaginar o que seria o "inadequado" em questão.

O cenário perfeito é que os adultos consigam sentar-se junto aos filhos em um determinado momento, com tranquilidade, e comunicar que pretendem viver em casas diferentes dali em diante. E é bom todos estarem preparados para a imprevisibilidade das reações, como choro, susto, raiva, medo, ansiedade e outros sentimentos acompanhados por um turbilhão de perguntas à procura de um culpado.

Muitas vezes, os pais não têm a menor compreensão de como vão responder tantos questionamentos, e a única certeza pode ser a visita de um dos pais às quartas-feiras ou o fim de semana com os avós. Ainda assim, é importante acolher os filhos e demonstrar que o amor por eles jamais vai mudar.

Nesse período, também é comum algumas crianças ficarem apáticas e quietas. Esses casos requerem maior atenção. Não é porque elas não se manifestam verbalmente que não estejam sofrendo. O diálogo e o carinho ainda são as melhores ferramentas para confortá-las.

"Pelos meus filhos, fico casada para sempre" – essa frase já foi mais empregada no passado, mas há quem ainda pense assim. Pois é bom avisar que estudos mostram que pais "bem" separados não afetam negativamente a vida dos filhos. Mas o contrário, sim: pais "mal" casados passam a mensagem de que não dá para acreditar em relações afetivas futuras.

O divórcio para os filhos também é um processo de luto do projeto familiar. Mas não é por isso que todos devam ficar tristes o tempo inteiro. Essa adaptação deve ser respeitada e cuidada. Passar pelo luto é um aprendizado, principalmente no primeiro ano, em que tudo é diferente: o primeiro Natal dividido, o primeiro aniversário. Decidir quem vem, quem vai, a que horas ou onde as coisas irão acontecer.

Ficar abatido, ansioso ou angustiado faz parte, mas nada pode tirar a alegria de viver, afinal a felicidade não está no outro, e essa pode ser uma boa oportunidade para conhecer as suas forças, bem como as das crianças.

Também pode acontecer de o anúncio do divórcio ser recebido com alívio. É comum o sofrimento antes da decisão. Pais infelizes que brigam na frente das crianças ou mesmo a portas fechadas não conseguem esconder o clima de seus filhos. As crianças são sensíveis e captam os humores no ar. Um dia atravessado, um jantar em desarmonia ou uma tensão já evoca nelas a sensação de insegurança, proveniente da notícia de que dali em diante será diferente.

E como saber quando é a hora certa para encarar tamanha decisão? É bom considerar que todas as possibilidades devem ser esgotadas. E um indicativo é quando a certeza vem do seu estômago. Quando você parar de perguntar para a melhor amiga, para o psicólogo, para a vizinha, para o padeiro, você vai chegar a essa conclusão sozinha! E para o bem geral. Inclusive dos filhos e do cônjuge.

Claro que tudo depende, além das personalidades, de como os pais vão ajudar ou atrapalhar a cabecinha das crianças. Às vezes, existe tanta raiva e mágoa que a confusão de emoções de ambos pode comprometer ainda mais esse processo dos filhos e deles próprios.

Para isso existem os advogados, para quando os pais precisam encontrar um denominador comum, quando eles não têm condições de exercitar a confiança em si, no outro e na vida.

As doutoras Carolina Mellone Etlin e Ana Luiza Barsam, advogadas de família que auxiliaram as orientações durante o meu divórcio consensual, contam como acontecem as consultas que discutem os direitos dos filhos:

"A maioria das mulheres que nos procuram antes do divórcio o faz para entender se o padrão de vida cairá, se poderá ter liberdade de decisão em relação aos filhos e a qual patrimônio ela terá direito. Há questões mais relevantes e delicadas, claro, em alguns casos, de como proteger a si e aos filhos de pessoas tiranas ou viciadas, como se blindar de alguns maridos e pais monstruosos, mas essa não é a maior parte dos casos. Aos homens, a preocupação é exatamente a mesma, só que do outro lado da moeda. Eles querem saber quanto terão que pagar, por quanto tempo, como ficarão em relação aos filhos, se serão reféns da esposa ou não e como será a divisão patrimonial. Fica claro que o que antes era um 'time' passa logo a ser o jogo do 'cada um por si'".

Entretanto, o que realmente importa é como as crianças devem ficar em relação ao divórcio dos pais.

Esse é um momento de autoconhecimento e uma ótima oportunidade de buscar respostas internas e de perceber as suas fortalezas e os seus pontos fracos para poder sair desse processo revitalizado. Pode parecer inoportuno, mas não é.

De acordo com a escritora norte-americana Louise Hay, autora dos best-sellers *Heal Your Body* e *What is Mirror Work – 21 Days to Heal Your Life*, que abordam a filosofia positiva para a reconstrução do amor-próprio e da autoestima, bons pensamentos ditos em voz alta criam paz de espírito e alegria interior. "Costumo dizer que o trabalho na frente do espelho é o método mais eficaz para aprender a amar a si mesmo e ver o mundo como um lugar seguro e amoroso. Todo o seu diálogo pessoal – aquele que está no seu subconsciente – é uma corrente de afirmações que estabelece formas habituais de pensar e de se comportar. Essas afirmações simplificam tudo o que dizemos ou pensamos", avisa.

Você tem que estar pronta para se olhar nos olhos. "Porque o espelho reflete de volta a sua alma e tudo aquilo que você percebe sobre si mesma", alerta Louise. Imagine que o espelho é a possibilidade de um (re)encontro com o seu interior, é como conhecer os seus limites e respeitar o seu luto. É dessa forma que você vai ajudar os seus filhos a pontuarem as próprias emoções. "À medida que você aprende a fazer um trabalho espelhado, fica mais consciente das palavras que diz e das coisas que faz. Você aprenderá a cuidar de si mesmo em um nível mais profundo do que antes", completa Hay.

" Há alguns anos, o meu lema de vida é 'sigo em busca'... Muita gente me chateia, tira sarro ou pergunta: 'Em busca de quê?'. Na verdade, acho que essa é a resposta que mais sentido faz em minha vida; em busca de um hoje melhor do que ontem, de crescer e evoluir espiritualmente, me tornar uma pessoa melhor e plena. Tenho absoluta consciência de que erro e me engano diariamente e, enquanto viver, continuarei a errar e seguirei em busca de acertos. Tenho uma história de vida sofrida, perdi um irmão quando ainda era criança, minha infância e juventude foram cercadas por morte, doenças, abusos e falta de estrutura financeira, mas, por outro lado, tinha amor, humor e muita, muita esperança. Casei-me pela primeira vez com a pessoa errada e pelos motivos errados. Realmente tinha, e ainda tenho, o sonho da família, de cuidar e ser cuidada. O sonho de confiar, contar e compartilhar com outro alguém as alegrias e as tristezas de todos os dias. Precisei de muita coragem para sair desse casamento, ainda menina, sem apoio da família e menos ainda dos amigos próximos. Reergui-me e segui a vida da maneira mais honrosa que pude. Dediquei-me de corpo e alma ao trabalho, concentrei as energias em ser a melhor pessoa que podia. Sabia que dependia apenas de mim ser bem-sucedida. Tive o mérito e o privilégio de conhecer meu segundo marido. Um homem que admirei, invejei, exibi e amei profundamente por anos e anos.

Por muito tempo, ele foi o meu mundo, fiz o possível para vê-lo crescer, agradá-lo e formar a minha sonhada família ao seu lado. Ao longo desses anos fui feliz, mas também extremamente infeliz e solitária. Percebia pequenas traições, não físicas, mas de intenção, de comportamento... Que são as que mais machucam. Com o passar dos anos fomos andando cada vez mais distantes. E eu fui me sentindo cada vez mais deprimida e, por incrível que pareça, humilhada. Sentia-me desprezada como mulher, sozinha como esposa, abandonada no dia a dia. Logo eu, que 'sigo em busca', vivia uma rotina de infelicidade. O porta-retratos da família era maravilhoso. E eu poderia tranquilamente ficar casada o resto da vida. Mas estava sozinha. Na minha casa, não havia brigas, traição, gritos ou falta de respeito. Realmente, era a família 'margarina'. A dor e a solidão gritavam baixinho dentro de mim, mas de maneira ensurdecedora. Sempre fui espiritualizada. E nos últimos anos intensifiquei esse caminho. De alguma maneira, aliviava as dores da minh'alma. Foi por meio do estudo espiritual que me dei conta de que merecia me sentir plena. Porém, esse mesmo estudo ligou o alerta para que eu trouxesse o meu marido para o meu lado, para que nós dois vivêssemos em plenitude, como casal. Fizemos algumas tentativas, mas o abismo que se criou entre nós era gigante, impossível de ser atravessado. Ainda assim, passamos cinco anos tentando. Hoje, quando olho para trás, vejo que esse período só trouxe angústia e dor, mas foi essencial para ter a certeza de que o ciclo havia se encerrado. Passei todo esse tempo pensando 'depois das férias, vou me separar', 'depois do casamento', 'depois do bat mitzvah'... Até que um dia vi que não havia mais depois. Aquele casamento de mentira tinha que acabar imediatamente. Estava custando caro demais para mim e, mais ainda, para as minhas filhas, que viam como modelo um relacionamento sem cumplicidade, sem conexão e sem companheirismo. Cada vez que me lembro da cena que foi a gota d'água, me vêm lágrimas aos olhos e uma dor profunda. Um misto de vergonha por ter me deixado chegar a tal situação com frustração por não ter a família perfeita. Ao mesmo tempo, nas semanas seguintes à separação, minha lembrança mais forte é a de respirar livre. Como se finalmente o ar chegasse aos meus pulmões. Acho que havia anos que não respirava. Em pouco tempo, me vi feliz, segura e bonita. As pessoas me dizem, até hoje, que a separação me fez bem. Não acho que foi isso que me fez bem; viver tão in-

feliz e incompleta é que me fazia mal. Não me sinto só, vivo cercada de amigos, das minhas filhas e de suas amigas, tenho uma vida social muito rica e, de verdade, jamais deixei de ir a algum compromisso. Seleciono muito com quem quero dividir a minha energia. E tenho certeza de que vou encontrar um companheiro incrível, que queira somar e dividir. Sofro muito quando vejo que o meu ex-marido não está bem. Que nossas filhas ainda não encontram uma maneira de conviver bem com o pai. Mas também entendo que há assuntos que já estão fora da minha alçada. Tenho esperança de que tudo vai se acertar. Sigo trabalhando com afinco no meu negócio. Ser independente financeiramente e respeitada no mercado em que atuo me deu segurança para a tomada da decisão e me dá muito prazer e oportunidade de conviver com gente inteligente, bacana e admirável. Isso enriquece muito o meu repertório. Mantenho uma jornada espiritual intensa, uma vida de sentido e significados. Minha confiança e minha autoestima são tamanhas que posso dizer que encontrarei um novo amor, e será logo, logo!
"

S.K.

andar com fé eu vou

*De tudo ao meu amor serei atento,
antes, e com tal zelo, e sempre, e
tanto, que mesmo em face do maior
encanto, dele se encante mais
meu pensamento.*

Vinicius de Moraes

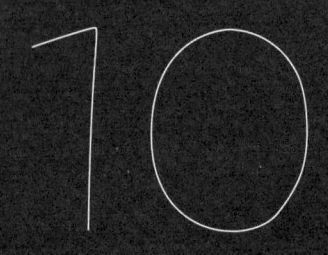

Apesar das altas estatísticas de divórcio (cresceu mais de 160% em uma década, de 2007 a 2017, segundo dados do IBGE), todas nós ainda queremos acreditar nos enredos que ecoam dos contos de fada: "Felizes para sempre".

Talvez essas taxas sejam um sintoma latente de que algo está errado. Então, vamos tentar entender as causas para evitar os problemas, mesmo aqueles sem solução aparente, mas que você pode, ao menos, estar preparada para lidar com eles e administrá-los da melhor forma possível.

Pode, inclusive, compreender os seus próprios sentimentos. Já falamos muito sobre isso, mas vale a pena dar atenção especial ao conceito de que, quando nos fortalecemos emocional e espiritualmente, temos mais chance de não sucumbir às ameaças e aos assédios, às situações externas e às provocações de qualquer natureza pessoal ou profissional.

Para mudar o conceito de casamento "com risco", temos que ter um pouco de tudo daquilo que já foi falado até aqui: maturidade, flexibilidade, independência financeira, humor, generosidade e capacidade de tocar os projetos pessoais sem achar que o seu projeto é o outro.

Ninguém pode ser considerado um projeto. Cada um deveria ter as suas funções e os seus propósitos que, em algum momento, convergem com os princípios do par. Assim, eles crescem juntos e reforçam os laços de tempos em tempos.

Continua convergindo? Então os laços seguem renovados, com o contrato de um casamento saudável por mais algum tempo. E tudo isso sem a pressão do "felizes para sempre", que pode virar um fardo ao longo dos anos.

Nós fomos ensinados assim e, por isso, continuamos repetindo esse modelo. Mas, agora que ele foi testado e reprovado, dá para fazer diferente. E bem que poderia ser substituído por "Que seja eterno enquanto dure", como disse o poeta Vinicius de Moraes.

Se a gente puder reconhecer no outro um parceiro que também precisa de espaço, um amigo (não único e exclusivo), confidente (com assuntos que não precisam ser divididos apenas com você), professor (que também se permite aprender), além de amante (aqui é bom que haja respeito no acordo estipulado), o relacionamento tem todos os ingredientes para ir adiante.

" O que dizer de uma separação? Nos separamos de nós mesmos e nem nos damos conta! Vivi a minha vida sabendo quem eu era através dos meus filhos, dos meus amigos e do meu marido. Quando tudo desmorona, aí começam a vir as questões. Questões que deveríamos ter feito muito cedo na vida, mas que por algum medo preferimos não fazer. Para mim, tudo é válido. Se a vida me mandou isso, vamos encarar da melhor forma e aprender a lição. Mesmo assim ficam perguntas, fico querendo fazer releituras... Quem não? Tento olhar o lado bom, agradecer e saber que hoje o que mais preciso passar para meus filhos é viver com essa intuição de que, se não está bom, faça perguntas. Não tenha medo de sofrer. Sofrer é ficar preso em sentimentos que não queremos ver! Quero ensinar o valor de uma família, ela tendo dado certo da forma que for. Escutar o outro com amor e empatia. Se colocar no lugar do outro. Sou muito, muito feliz por tudo o que vivi e viveria tudo de novo dez vezes! "

N.L.

fora do trilho

*A amizade
é o amor que nunca morre.*

Mario Quintana

11

O aniversário de 40 anos de uma das minhas melhores amigas foi comemorado, metaforicamente, fora do trilho. Éramos 11 mulheres viajando juntas em uma aventura de cinco dias pela Chapada dos Veadeiros, em Goiás.

Lembro-me de uma cena emblemática onde todas nós pulávamos na cachoeira dentro do Parque Nacional da Chapada dos Veadeiros como se fôssemos crianças. Não lembro direito os nomes de todos os lugares que visitei, mas alguns me marcaram: a Cachoeira Salto, com uma queda de aproximadamente 80 metros, Pedreiras, que é um dos cartões-postais do lugar, e Formiga, que mais me parece uma cena do filme *A Lagoa Azul*. Depois da euforia, veio aquele silêncio total de contemplação. A intimidade, quando há falta de som, não incomoda. Falávamos com o olhar. Uma sensação de pertencimento.

No final de cada dia bem vivido, depois de boas trilhas de, em média, 10 quilômetros e já de volta a São Jorge, aconteciam as esperadas conversas. Desde desabafos profundos – quando concluímos que todas temos problemas, mesmo que eles sejam completamente diferentes – até um besteirol raso e divertido, fundamental para levantar qualquer astral e resgatar aquela gargalhada que estava interrompida há muito tempo.

E é assim que o mesmo grupo – com algumas agregadas que entraram para o time das grandes amigas – escapa anualmente para um destino *unplugged*. Essas experiências não apenas nos conectam, como reforçam os laços afetivos. É nesses dias que deixamos de lado as tarefas cotidianas para encarar os papéis de meninas curiosas e quase irresponsáveis, sem todas as obrigações que nos pesam nos ombros e nos fazem mães, esposas, profissionais, irmãs e filhas.

Mas nem sempre o enredo foi esse. Durante o meu primeiro casamento, era raro que eu trocasse o conforto do convívio familiar por uma viagem com as amigas. É uma pena que não seja óbvio que todos precisam de um momento a sós. Nos priorizar faz parte do jogo. É uma válvula de escape. Nos falta habilidade em administrar as relações humanas. Com certeza, para mim faltou. Mas sei que outras pessoas também passam por isso. Vamos deixando as tarefas cotidianas nos engolirem e sempre priorizamos filhos, marido, família e a estrutura que nos cerca. Quem nunca saiu de casa com o porta-malas cheio, mas percebeu que deixou para trás as próprias coisas? Você leva o kit de primeiros-socorros para 15 hipóteses do que possa acontecer com as crianças, mas esquece a sua escova de cabelo.

Seria bom se a nossa incapacidade de se fazer notar fosse facilmente lida pelo parceiro. Uma compreensão mútua, aquela leitura de pessoas conectadas, de velhas amigas. Se estou nervosa, preciso de alguém que me acalme; se estou sobrecarregada, preciso de ajuda; se estou insegura, preciso apenas de alguém que segure a minha mão e me convença que tudo vai ficar bem.

As amigas também fazem parte da nossa história. Mesmo aquelas com que não convivemos no dia a dia, por conta dos diferentes estilos de vida. São elas que têm o papel de acolher, de ouvir, mas sem nunca julgar. E nos deixar leves e tranquilas.

Quando contei sobre a minha separação para os mais próximos, não posso dizer que a reação foi positiva. É natural que haja certo estranhamento, porque é uma separação dos amigos, da família – um casamento de muitos anos cria vínculos com outras pessoas, e isso significa que existirá rompimento de um dos lados. Dificilmente você voltará a frequentar o jantar daquele casal que adorava receber os dois.

Muita gente próxima não me ligou. Não mandou nenhuma mensagem. Talvez eles não soubessem o que dizer. Talvez não quisessem lidar com o desconforto do entorno, afinal afeta a dinâmica de muito mais gente, e não apenas do casal. E eu acabei ligando para uma amiga que não via há uns 18 anos. Fui de mochila dormir na casa dela. Parecia a mesma adolescente da última vez em que viajamos juntas: o mesmo humor, a mesma cumplicidade... Verdadeira prova de que o tempo não apaga relações autênticas.

Passada a surpresa inicial, a maioria se mostra solidária, e tem sempre alguém com função de "cupido" e uma listinha de pretendentes na manga. Mudar do status de casada para divorciada cria uma série de constrangimentos, como a forma de falar com os amigos casados, os maridos das suas amigas e até os amigos solteiros.

Em vez de colo e carinho, sobram convites para baladas. E nenhuma mulher recém-divorciada quer se expor. É difícil de compreender, por isso acredito que esse é um momento solitário.

Mas, passado o luto, você aciona as amigas. As novas, as velhas, as do trabalho, as atletas, as da praia, as fora do trilho. Cada uma tem o seu papel para reativar em você todas as suas potencialidades. Elas também funcionam como espelhos quando você não é mais capaz de se enxergar. As amigas te dão fôlego para entender a frase do filósofo Soren Kierkegaard: "A vida só pode ser compreendida olhando-se para trás, mas só pode ser vivida olhando-se para a frente".

" Estava saindo do mar, depois de um caldo que tomei tentado surfar em uma praia da Costa Rica, quando a Flora me pediu a prancha, entrou na água e saiu remando. Eu ainda estava recuperando a respiração quando a vi descendo uma onda com todo o estilo de quem surfa há anos. Essa cena ficou marcada, pois percebi que minha amiga estava recomeçando a vida, e dessa vez priorizando ela mesma: uma mulher linda e forte. Isso foi no Carnaval de 2014. Lembro-me bem da nossa adolescência, a Florinha sempre delicada e gentil. Para os mais desavisados, ela até podia parecer frágil. A vida que conquistamos a seguir era exatamente o que a nossa geração queria – casamento e filhos. Todo mundo se achava feliz e seguro. Então, um dia, ela entrou no meu escritório carregando uma malinha e com cara de assustada. 'Nessa malinha estão os meus documentos, tudo o que eu tenho. Estou me separando e preciso aprender a me cuidar sozinha.' O que aconteceu daí em diante foi inesperado. Ela foi trabalhar com o irmão no setor imobiliário, e foi muito promissor. Em paralelo, fez vários cursos sobre matemática financeira, mercado financeiro e investimentos. Em uma das nossas conversas, falei que era importante ter uma planilha de gastos e comprar ações em vez de gastar numa bolsa. Pouco tempo depois, a planilha de controle de gastos da Florinha estava melhor que o Money! Ela se tornou investidora profissional e não gasta com o que não é necessário. No seu lado mulher, ela também surpreendeu e quebrou paradigmas. Passou por um divórcio, enfrentou a sociedade, manteve a família unida e deu a volta por cima! Hoje, tem nas próprias mãos as rédeas da vida – e isso é um baita privilégio!

”

F.C.

questão de escolha

Felicidade é a certeza de que a nossa vida não está passando inutilmente.

Érico Veríssimo

12

Todo livro funciona como um portal para uma realidade paralela. Nos esquecemos por algum momento de quem somos e onde estamos, e nos sentimos transportados para as entrelinhas e, às vezes, absorvemos as dores da história que desvendamos.

Muito do que foi escrito aqui é um resumo, uma compilação de anos de aprendizado daquilo que vale a pena, um dia, ser relido e relembrado.

Pode-se dizer que é uma versão madura de um diário (do tipo que carregamos na adolescência, permeado por segredos). Porém, aqui tudo é registrado, e não é raro que a teoria se imponha à prática. Mas o treino parece nunca chegar ao fim... Já aprendemos que o importante é a trajetória, e não o lugar.

Acredito cada vez mais que essa jornada seja resultado de um trabalho colaborativo, em que todos se ajudam, trocam e ganham. Quando você leva a sério a ideia de que o seu destino está atrelado ao do outro, desenvolve um senso de empatia, que entendo ser do que o mundo precisa.

Nem sempre somos compreendidos, muitas vezes as expectativas que as pessoas têm de você são impossíveis de corresponder. Uma ação enérgica, a resolução de um problema, a transferência de responsabilidade pela afinidade ou pelo parentesco.

Não há como explicar aquilo que já está formatado na cabeça de quem te julga. Basta lembrar que as pessoas veem o mundo como é melhor para elas, não como nós gostaríamos.

E sigamos com perseverança tentando nos libertar das ponderações pessimistas, focados no nosso caminho e junto de quem acredita na força coletiva, na capacidade plural, com confiança até mesmo diante das turbulências.

"A ciência da felicidade é toda sobre fornecer ferramentas, dicas e técnicas para uma vida mais feliz", acrescenta Tal Ben-Shahar.

Diferentemente do homem, a mulher executa múltiplas tarefas. Consegue ser mãe, filha e mulher ao mesmo tempo. Consegue trabalhar e se envolver em diversos projetos. A mulher é capaz de misturar e ampliar competências sem a velha necessidade de colocar tudo numa única caixa.

Mas sempre tem alguém que te define e questiona:

– Mas você vai fazer outro trabalho? Mergulhar em outra ideia?

Como se a nossa capacidade multi-task fosse incompreendida ou absurda.

Em 1879, o dramaturgo norueguês Henrik Ibsen apresentou ao mundo a peça *Casa de Bonecas*. Claro que a crítica da época ficou chocada com o enredo, que colocava a mulher no papel de protagonista. Nora Helmer, a mocinha escandinava de ideias revolucionárias, ousou pôr em xeque o descontentamento com as convenções sociais e o seu desejo de sair de casa por estar cansada de ser uma "boneca-esposa", classificação perfeita – e ainda atual – da mulher que, apesar de amada, sente diariamente o deboche do marido, a condição de ser inferior e o medo de não ser levada a sério. Ela não queria mais exercer um papel secundário, de enfeite.

E é a partir dessa decisão que ela parte em busca do autoconhecimento. Nora expõe aquilo que ainda queremos nos dias de hoje: a vontade de se descobrir, de entender as legítimas aspirações e as potencialidades de uma vida plena.

A contemporaneidade da narração impressiona, pois, mesmo à luz do século XXI, há quem prefira seguir como um sopro no espelho.

Sozinha ou muito bem acompanhada, não aceite um destino aquém de suas expectativas.

E lembre-se: a principal função do casamento hoje é estar com alguém que contribua para o seu crescimento e vice-versa.

"A fonte mais importante para a felicidade pode ser a pessoa sentada ao seu lado", enfatiza Ben-Shahar. Então aproveite cada momento juntos – e lute para que o reflexo embaçado seja cada vez mais nítido.

" Sempre quis trabalhar por conta do desafio, pelas conquistas que a gente adquire e por mim, pela minha personalidade, pois eu nunca conseguiria ficar sem produzir. E também existia a questão de que, quando não trabalhamos, a não ser que sejamos herdeiros, dependemos de alguém, e isso sempre me soou como pesadelo. O problema é que nasci numa família libanesa por parte de pai. Esse, com um temperamento fortíssimo e cultura enraizada. As mulheres não costumam trabalhar, aliás, não devem. Nessa cultura, a mulher fica em casa cuidando da família. O marido trabalha e tem liberdade. Só que eu era a antítese de tudo isso. Casei cedo, com 20 anos, e tive duas filhas maravilhosas. Curtia muito ser mãe, mas não queria deixar a parte profissional de lado. Comecei a trabalhar aos 18 anos, fiz estágio em uma multinacional.

Depois fui ajudar o meu pai nos negócios dele. Pouco depois, começaram os preparativos para o meu suntuoso casamento e terminei a faculdade grávida da segunda filha. Aí chegou a hora em que o meu pai não queria mais que eu trabalhasse de jeito nenhum. Com dois bebezinhos em casa, ele achava um absurdo! Foi nesse momento que eu tive que tomar a decisão: ou baixava a cabeça e ficava frustrada ou batia de frente. Óbvio que bati de frente e disse: 'Se você não me deixar trabalhar com você, vou arrumar emprego em outro lugar!'. Aí acho que ele ficou com receio de perder o controle e permitiu que eu ficasse. Trabalhei muito, me separei cedo, construí uma carreira e casei de novo com um homem que admiro. Temos uma relação de troca, e construímos juntos. Com meu pai, me dou superbem. "

P.M.

"*Nunca tão ativo quando nada fazendo.*"

Catão por Hannah Arendt

"Nunca tão ativo quando nada fazendo."

Catão por Hannah Arendt

"Nunca tão completo quando a sós consigo mesmo."

Catão por Hannah Arendt

> "Nunca tão completo quando a sós
> consigo mesmo"
>
> Catão por Hannah Arendt

apêndice

Você 4.0

O que seria da nossa identidade sem um trabalho? Seja qual for a atividade exercida, é preciso fazer aquilo que fortifica, dá repertório, gera respeito e credibilidade, faz crescer.

A versão 4.0 surgiu na Alemanha, mais precisamente para classificar a Indústria 4.0 como a 4ª revolução industrial. É o termo que melhor descreve que o futuro chegou e com a mais alta tecnologia como sistemas conectados em rede, impressoras 3D, Big Data e Robôs. A brincadeira com o termo emprestado é que nós também precisamos acionar todas as áreas produtivas da nossa vida.

Cada experiência vem no momento certo – ora na família, de olho na vida financeira, ora na criatividade – ou apenas para manter o pensamento longe dos problemas e dos dramas pessoais.

Já tive algumas experiências profissionais – e começo a contar pelo meu primeiro emprego de verdade, com carteira assinada e cartão para bater! Foi em um banco cheio de possibilidades, hierarquia rígida, metas, formalidades, reuniões em ambiente austero e números de muitas casas decimais.

Lembro-me de quando tentaram introduzir no Brasil o conceito norte-americano do "Casual Friday". Imagina só! O diretor-presidente da época reagiu categoricamente: "A roupa predispõe a atividade". E, nós, bancários, seguimos de terno.

Que privilégio o meu conviver com esse diretor-presidente. Foi a minha maior referência. Sempre gentil, interessado genuinamente nas pessoas, com ambição sadia, me abriu os olhos para múltiplas áreas de interesse. Se envolveu em outros projetos e por melhores oportunidades em educação, meio ambiente, arte, cultura, filantropia, política e família. Combinava todos os predicados como um grande maestro. Eu não tinha maturidade na época para seguir no banco, mas com certeza uma semente foi plantada e outros caminhos foram abertos.

Para uma recém-formada em comunicação, queria mesmo era me envolver em um case publicitário. O banco era careta e low-profile demais para mim, apesar de reconhecer, anos depois, que foi a melhor oportunidade que tive.

Depois passei pelo Mappin/Mesbla. A promessa da nossa ex-quase Bloomingdale's, objeto de desejo de qualquer estudante de marketing, moda ou varejo. Uma fábrica de sonhos "inspiracional", mas que obrigava a formar estratégias em qualquer função: aprovar campanhas do dia para a noite, rodar lojas, conferir produtos, fotografá-los, ser boa de produção, ágil com planilhas, administrar as campanhas, as marcas, os produtos... Minha área era U.D. (Utensílios domésticos). Foi o maior desafio sob pressão. Se eu queria mais emoção, consegui!

Recordo-me com carinho dos meus companheiros de labuta. Era um tempo em que trabalhávamos dez horas por dia, saíamos à noite, dormíamos umas cinco horas por dia, fazíamos ginástica e recomeçávamos a batalha no dia seguinte. Fase possível de realizar apenas sem marido, sem namorado, sem filho e com um BIP a tiracolo.

Lembram do BIP, aquele aparelhinho que emitia um sinal de alerta cada vez que alguém precisava falar com você? Eu tinha um – e, em toda "bipada", ficava aterrorizada e corria para a agência ou para o Mappin a fim de aprovar alguma ideia do alto escalão.

E tudo isso em um ritmo alucinante. O pior é que não dava para pensar em errar: publicar um preço incorreto no encarte dava um problemão (sem contar o prejuízo, que era cobrado do funcionário). O lado bom é que adquiri responsabilidade em doses cavalares!

Saí de lá com a certeza de que estava preparada para encarar qualquer coisa. Assim, fiz as malas e fui morar nos Estados Unidos, onde tive a primeira vivência de ser dona do meu destino. Ganhei independência e dinheiro no mercado imobiliário. Pagava as minhas contas e dividia o apartamento com uma amiga. Era o que eu queria aos 26 anos. Já que o plano A, o de casar, não tinha acontecido.

Anos mais tarde, já casada, com filhos e estabilidade, segui me dedicando ao mercado imobiliário. A cada comissão, tinha tempo livre para exercitar o ócio, curtir a família, me aproximar de projetos autorais, além de alinhar cada vez mais o meu propósito e desenvolver alguns trabalhos voluntários.

Com o nascimento da minha caçula, a terceira, resolvi me dedicar à produção de conteúdo e comecei a escrever. Compartilhava um escritório delicioso com a Ana Raia, amiga inspiradora, sensível e assertiva, que se transformou em uma coach respeitada. Era comum que, entre uma reunião e outra, eu escutasse frases que logo me fariam total sentido. "A sua realidade externa é um espelho de como você está por dentro", dizia ela.

Ir trabalhar era um prazer: tinha o meu espaço perto de casa, os meus livros e as minhas revistas para cuidar (idealizei e desenvolvi o conteúdo de oito edições para a revista infantil do Condomínio Haras Larissa, dez livros para a Ciranda Cultural e um projeto desafiador para a Companhia Orgânica de Café).

Depois dessa etapa de alta produtividade, aconteceu a minha separação. Tive que deixar os projetos de lado, pois desabei naquele buraco e só pensava em como sair de lá. Sem cabeça para produzir e sem estabilidade financeira e emocional, precisei abrir mão do escritório. Foi aí que o meu irmão me acolheu e voltei com tudo para o mercado imobiliário.

De novo, a prioridade era financeira. E não tem demérito em não seguir a carreira. Em experimentar. Eu amo projetos. Amanhã, você pode ter um emprego que ainda nem existe! Os maiores aspirantes a grandes empresários, por exemplo, são os youtubers. Essa é a profissão do momento, assim como as blogueiras foram há uma década. E ainda são.

Por sinal, lá nos anos 1990, existiam poucas pessoas atentas a essa ideia: a minha ex-chefe era uma delas (não é à toa que ela continua a rainha da comunicação exigida atualmente). É um fenômeno, afinal, que muitas mulheres da geração dela (e da minha) ainda sejam reféns dos seus antigos papéis.

E eis que surge outro paradoxo: achei que o mundo estava se globalizando, que as mulheres estavam aumentando a sua relevância em cargos executivos e buscando um lugar ao sol, mas, na contramão, veio uma onda reversa nos dando sinais da volta da mulher "bela, recatada e do lar" nas entrelinhas dos noticiários.

Não vou entrar em questões políticas, pois o livro não trata disso. Isso apenas me deixa confusa. E, pra confundir ainda mais, a mudança é mundial e não local.

Eu quero apostar no novo poder. Aquele que dissemina ideias em um mundo hiperconectado, que promove novas lideranças e boas causas, que acredita no trabalho colaborativo, na abundância de recursos e na sua melhor distribuição.

Com o aumento da expectativa de vida, é certo que teremos alguns empregos, atividades, projetos e até alguns casamentos. Não existe mais a ideia de ficar num único modelo a vida toda. A vida ficou longa demais para não nos reinventarmos. Enxergar outras possibilidades já é uma grande inovação.

Vamos torcer para que o mundo encontre um denominador comum, um valor no respeito a essa nova mulher, um espaço para que todas se desenvolvam e sejam empreendedoras de suas vidas. E, de alguma maneira, que elas saiam do lugar e façam, do futuro, a sua total capacidade de imaginar e criar a melhor versão do que podem vir a ser.

bibliografia

ARENDT, Hannah. *A Condição Humana*. 13ª ed. Rio de Janeiro: Forense Universitária, 2016.

BEN-SHAHAR, Tal. *Seja mais Feliz*. 1ª ed. São Paulo: Academia, 2008.

CHOPRA, Deepak. *O Livro dos Segredos*. 2ª ed. Rio de Janeiro: Rocco, 2005.

CLEVELAND, Karen. *Preciso Saber – Uma Vida de Sonhos. Uma Mentira Perfeita*. 1ª ed. São Paulo: Planeta, 2018.

DIAMANDS, Peter H. e KOTLER, Steven. *Abundância: O futuro é melhor do que você imagina*. São Paulo: Alta Books, 2018.

DEBORD, Guy. *La Société du Spectacle*. 1ª ed. Paris: Folio, 1967.

GILBERT, Elizabeth. *Comer, Rezar, Amar*. 6ª ed. Rio de Janeiro: Objetiva, 2008.

GRANT, Adam e SANDBERG, Sheryl. *Plano B – Como Encarar Adversidades, Desenvolver Resiliência e Encontrar Felicidade*. 1ª ed. São Paulo: Fontanar, 2017.

HANNS, Luiz. *A Equação do Casamento*. 1ª ed. São Paulo: Paralela, 2013.

HAY, Louise. *Você Pode Curar a sua Vida*. 100ª ed. Rio de Janeiro: Best Seller, 2016.

HAY, Louise. *What is Mirror Work – 21 Days to Heal Your Life*. 1ª ed. Califórnia: Hay House, 2016.

MELLONE, Carolina. *Meus Pais Estão se Separando... E Eu com Isso?* 1ª ed. São Paulo: O Nome da Rosa, 1999.

SADEGHI, Habib. *The Clarity Cleanse*. 1ª ed. Nova York: Hachette Book Group, 2017.

SAINT-EXUPÉRY, Antoine de. *O Pequeno Príncipe*. 48ª ed. Rio de Janeiro: Agir, 2009.

TIMMS, Henry e HEIMANS, Jeremy. *O novo poder: como disseminar ideias engajar pessoas e estar sempre um passo à frente em um mundo hiperconectadas*. Rio de Janeiro: Intrínseca, 2018.

Jornais, revistas, artigos

SADEGHI, Habib; SAMI, Sherry. *MegaZen Journal*. 1ª a 4ª edições. Califórnia: BE Hive of Healing Integrative Medical Center, 2017.

THE ECONOMIST, edição de 16 de dezembro de 2010.

Sites

www.amarildas.com.br/ Acesso: 6 de fev. de 2019

www.danzamedicina.net/ Acesso: 6 de fev. de 2019

www.goop.com/work/relationships/ Acesso: 6 de fev. de 2019

www.louisehay.com/ Acesso: 6 de fev. de 2019

www.talbenshahar.com/ Acesso: 6 de fev. de 2019

www.raiacoaching.com.br/ Acesso: 6 de fev. de 2019